Impressum
Verlag: BABADADA GmbH, Nedderfeld 112 , 22529 Hamburg
Geschäftsführer / Verlagsleitung: Harald Hof
Druck: Books on Demand GmbH, In de Tarpen 42, 22848 Norderstedt

Imprint
Publisher: BABADADA GmbH, Nedderfeld 112 , 22529 Hamburg, Germany
Managing Director / Publishing direction: Harald Hof
Print: Books on Demand GmbH, In de Tarpen 42, 22848 Norderstedt

Schuel

school

dividiere
divide

186/2

Taflä
board

Klassezimmer
classroom

Pauseplatz
school yard

Lehrer
teacher

Papier
paper

schribe
write

Stift
pen

Schribtisch
desk

Lineal
ruler

Buech
book

Schüeler
pupil

Thek

satchel

Etui

pencil case

Bleistift

pencil

Spitzer

pencil sharpener

Radiergummi

rubber

Zeicheblock

drawing pad

Zeichnig

drawing

Pinsel

paintbrush

Malchaschte

paint box

Schär

scissors

Liim

glue

Üebigsheft

exercise book

Huusufgabe

homework

Zahl

number

addiere

add

subtrahiere

subtract

multipliziere

multiply

rächne

calculate

Buechstabe

letter

Alphabet

alphabet

Wort

word

Text

text

läse

read

Kriide

chalk

Lektion

lesson

Klassäbuech

register

Prüefig

exam

Zügnis

certificate

Schueluniform

school uniform

Usbildig

education

Enzyklopädie

encyclopedia

Universität

university

Mikroskop

microscope

Charte

map

Papierchorb

waste-paper basket

Hotel
hotel

Härbärg
hostel

Wächselstube
bureau de change

Koffer
suitcase

Auto
car

Sprach

language

jo / nei

yes / no

okay

Okay

Hallo

hello

Dolmetscher

translator

Dankä

Thank you

Was chostet…?

how much is…?

Ich vrstahs nöd

I do not understand

Problem

problem

Guete Abig!

Good evening!

guete Morgä!

Good morning!

guete Abig!

Good night!

Uf Wiederseh

bye bye

Richtig

direction

Bagaasch

luggage

Täsche

bag

Rucksack

backpack

Gast

guest

Ruum

room

Schlafsack

sleeping bag

Zält

tent

Touristeninformation

tourist information

Strand

beach

Kreditkarte

credit card

Zmorge

breakfast

Zmittag

lunch

Znacht

dinner

Billet

ticket

Ufzug

lift

Briefmarke

stamp

Gränze

border

Zoll

customs

Botschaft

embassy

Visum

visa

Pass

passport

Flugzüg
aeroplane

Schiff
ship

Füürwehr
fire engine

Bus
bus

Lastwage
truck

Motorboot
motorboat

Velo
bike

Auto
car

Fähri

ferry

Boot

boat

Töff

motorbike

Polizeiauto

police car

Rännauto

racing car

Mietwage

rental car

Carsharing

car sharing

Abschleppwage

breakdown truck

Chübelwage

refuse truck

Motor

motor

Benzin

fuel

Tankstell

petrol station

Verkehrsschild

traffic sign

Verchehr

traffic

Stau

traffic jam

Parkplatz

car park

Bahnhof

train station

Schiene

tracks

Zug

train

Strassebahn

tram

Wagon

carriage

Helikopter

helicopter

Flughafe

airport

Tower

tower

Passagier

passenger

Container

container

Karton

carton

Chare

cart

Korb

basket

starte / lande

take off / land

Stadt
city

Dorf

village

Stadtzentrum

city centre

Huus

house

Kino / cinema

Werbig / advert

Latärne / street lamp

CINEMA

Strass / street

Taxi / taxi

Kiosk / snack shop

Fuessgänger / pedestrian

Trottoir / pavement

Zebrastreife / zebra crossing

Chübel / bin

Chrüzig / crossing

Amplä / traffic lights

Hütte
hut

Wohnig
flat

Bahnhof
train station

Gmeindshuus
town hall

Museum
museum

Schuel
school

Universität

university

Bank

bank

Spital

hospital

Hotel

hotel

Apotheke

pharmacy

Büro

office

Buechgschäft

book shop

Gschäft

shop

Bluemelade

florist's

Läbensmittellade

supermarket

Märt

market

Chaufhuus

department store

Fischhändler

fishmonger's

Iihkaufszentrum

shopping centre

Hafe

harbour

Park

park

Bank

bench

Brugg

bridge

Stäge

stairs

U-Bahn

underground

Tunnell

tunnel

Bushaltestell

bus stop

Bar

bar

Restaurant

restaurant

Briefchastä

postbox

Strasseschild

street sign

Parkuhr

parking meter

Zolli

zoo

Badi

swimming pool

Moschee

mosque

Buurehof

farm

Umwältvrschmutzig

pollution

Fridhof

graveyard

Chile

church

Spielplatz

playground

Tämpel

temple

Landschaft

landscape

Blatt
leaf

Wägwiiser
signpost

Wäg
way

Wise
meadow

Stei
stone

Baum
tree

Wanderer
hiker

Fluss
river

Gras
grass

Bluamä
flower

Tal

valley

Bärg

hill

See

lake

Wald

forest

Wüeschti

desert

Vulkan

volcano

Schloss

castle

Rägeboge

rainbow

Pilz

mushroom

Palme

palm tree

Moskito

mosquito

Fliege

fly

Ameise

ant

Biendli

bee

Spinne

spider

Chäfer

beetle

Frosch

frog

Eichhörnli

squirrel

Igel

hedgehog

Haas

hare

Üle

owl

Vogu

bird

Schwan

swan

Wildschwein

boar

Hirsch

deer

Elch

moose

Damm

dam

Windturbine

wind turbine

Sunnekollektor

solar panel

Klima

climate

Chällner
waiter

Spiischartä
menu

Stuehl
chair

Suppä
soup

Pizza
pizza

Bsteck
cutlery

Tischdecki
tablecloth

Vorspiies
starter

Hauptgricht
main course

Dessert
dessert

Getränk
drinks

Läbensmittel
food

Fläsche
bottle

Fast Food

fast food

Street Food

street food

Teechanne

teapot

Zuckerdosä

sugar bowl

Portion

portion

Espressomaschine

espresso machine

Hochstuehl

high chair

Rächnig

bill

Tablett

tray

Mässer

knife

Gable

fork

Löffel

spoon

Teelöffel

teaspoon

Serviette

serviette

Glas

glass

Täller

plate

Suppetällär

soup plate

Untertasse

saucer

Sose

sauce

Salzstreuer

salt pot

Pfäffermühli

pepper mill

Essig

vinegar

Öl

oil

Gwürz

spices

Ketchup

ketchup

Sänf

mustard

Mayonnaise

mayonnaise

Ahgebot
special offer

Chund
customer

FOR

Milchprodukt
dairy

Frücht
fruit

lichaufswage
trolley

Schlachter
butcher's

Beck
baker's

wiege
weigh

Gmües
vegetables

Fleisch
meat

Tiefkühlprodukt
frozen food

Ufschnitt

cold meat

die Konsärve

tinned food

Wöschmittel

washing powder

Süessigkeite

sweets

Huushaltartikel

household products

Putzmittel

cleaning products

Verchäuferin

salesperson

Kassä

till

Kassierer

cashier

Ihchaufsliste

shopping list

Öffnigszite

opening hours

das Portemonnaie

wallet

Kreditkarte

credit card

Täsche

bag

Plastiksack

plastic bag

Getränk
drinks

Wasser

water

Saft

juice

Milch

milk

Cola

coke

Wii

wine

Bier

beer

Alkohol

alcohol

Ovi

cocoa

Tee

tea

Kafi

coffee

Espresso

espresso

Cappuccino

cappuccino

Banane

banana

Öpfel

apple

Orange

orange

Melone

melon

Zitrone

lemon

Rüebli

carrot

Chnoobli

garlic

Bambus

bamboo

Zwiblä

onion

Pilz

mushroom

Nüss

nuts

Nudle

noodles

Spaghetti

spaghetti

Riis

rice

Salat

salad

Pommfrit

chips

Bratherdöpfel

fried potatoes

Pizza

pizza

Hamburgär

hamburger

Sandwich

sandwich

Gotlett

cutlet

Schinkä

ham

Salami

salami

Würschtli

sausage

Huehn

chicken

Bratä

roast

Fisch

fish

Haferflocke	Müesli	Cornflakes
porridge oats	muesli	cornflakes
Mähl	Gipfeli	Brötli
flour	croissant	bread roll
Brot	Toscht	Guetzli
bread	toast	biscuits
Butter	Quark	Chueche
butter	curd	cake
Ei	Spiegelei	Chäs
egg	fried egg	cheese

Glace

ice cream

Zucker

sugar

Honig

honey

Gonfi

jam

Nougat-Creme

chocolate spread

Curry

curry

Buurehuus
farmhouse

Strohballä
straw bale

Schüür
barn

Fäld
field

Pferd
horse

Ahänger
trailer

Fohle
foal

Traktor
tractor

Esel
donkey

Lamm
lamb

Schaaf
sheep

Geiss

goat

Chueh

cow

Chalb

calf

Sau

pig

Ferkel

piglet

Rind

bull

Gans

goose

Änte

duck

Küke

chick

Huähn

hen

Güggel

cock

Ratte

rat

Chatz

cat

Muus

mouse

Ochse

ox

Hund

dog

Hundehütte

doghouse

Garteschluuch

garden hose

Giesschanne

watering can

Sägese

scythe

Pflueg

plough

Sichel

sickle

Hacke

hoe

Heugable

pitchfork

Axt

axe

Garette

wheelbarrow

Trog

trough

Milchchanne

milk can

Sack

sack

Haag

fence

Gadä

stable

Gwächshuus

greenhouse

Bode

soil

Soome

seed

Dünger

fertilizer

Mähdrescher

combine harvester

ärnte

harvest

Ärnte

harvest

Yamswurzle

yams

Weize

wheat

Soja

soy

Härdöpfel

potato

Mais

corn

Raps

rapeseed

Obstbaum

fruit tree

Maniok

cassava

Getreide

cereals

Chämi
chimney

Dach
roof

Rägerinne
drainpipe

Fänschter
window

Garage
garage

Lüüti
doorbell

Tür
door

Mülltonne
rubbish bin

Briefchaschte
letterbox

Gartä
garden

Stubä

living room

Badzimmer

bathroom

Chuchi

kitchen

Schlofzimmer

bedroom

Chinderzimmer

child's room

Ässzimmer

dining room

Bodä

floor

Wand

wall

Decki

ceiling

Chäller

cellar

Sauna

sauna

Balkon

balcony

Terasse

terrace

Pool

pool

Rasemäier

lawn mower

Bettbezug

sheet

Bettdecki

bedspread

Bett

bed

Bäse

broom

Chübel

bucket

Schalter

switch

Tapete
wallpaper

Bild
picture

Lampä
lamp

Regal
shelf

Schrank
cupboard

Kamin
fireplace

Färnseh
television

Bluamä
flower

Chüssi
cushion

Sofa
sofa

Vasä
vase

Färnbedienig
remote control

Teppich
carpet

Vorhang
curtain

Tisch
table

Stuehl
chair

Schaukelstuehl
rocking chair

Sässel
armchair

Buech

book

Decki

blanket

Dekoration

decoration

Füürholz

firewood

Film

film

Stereoahlag

hi-fi equipment

Schlüssel

key

Ziitig

newspaper

Bild

painting

Poster

poster

Radio

radio

Notizblock

notepad

Staubsuuger

hoover

Kaktus

cactus

Chärze

candle

Chüelschrank
fridge

Mikrowällä
microwave oven

Chuchiwaag
kitchen scales

Toaster
toaster

Wöschmittel
detergent

Ofä
oven

Gfrierfach
freezer

Mülltonne
rubbish bin

Gschirrspüeler
dishwasher

Härd

cooker

Topf

pot

Iisetopf

cast-iron pot

Wok / Kadai

wok / kadai

Pfanne

pan

Wasserchocher

kettle

Dampfer

steamer

Bachbläch

baking tray

Gschirr

crockery

Bächer

mug

Schale

bowl

Stäbli

chopsticks

Suppechellä

ladle

Pfannewänder

spatula

Schneebäse

whisk

Sieb

strainer

Sieb

sieve

Raffle

grater

Mörser

mortar

Grill

barbecue

Füürstell

open fire

Schniidbrätt

chopping board

Nudelholz

rolling pin

Korkäzieher

corkscrew

Dosä

can

Dosäöffner

can opener

Topflappä

pot holder

Wöschbecki

sink

Bürste

brush

Schwumm

sponge

Mixer

blender

Gfrierschrank

deep freezer

Babyfläschli

baby bottle

Hahnä

tap

Heizig
heating

Duschi
shower

Handtuech
towel

Schumbad
bubble bath

Duschvorhang
shower curtain

Badwanne
bathtub

Glas
glass

Wöschmaschine
washing machine

Hahnä
tap

Fliesä
tiles

Töpfli
potty

Wöschbecki
sink

Toilette
toilet

Plumpsklo
squat toilet

Bidet
bidet

Pissoir
urinal

Toilettepapier
toilet paper

Toilettebürschteli
toilet brush

Zahbürstä

toothbrush

Zahpasta

toothpaste

Zahnsiide

dental floss

wäsche

wash

Handduschi

handheld shower

Intiimduschi

douche

Wöschbecki

basin

Ruggäbürste

back brush

Seifä

soap

Duschgel

shower gel

Shampoo

shampoo

Waschlappä

flannel

Abfluss

drain

Creme

cream

Deo

deodorant

Spiegel

mirror

Handspiegel

hand mirror

Rasierer

razor

Rasierschuum

shaving foam

Aftershave

aftershave

Schträäl

comb

Bürstä

brush

Föhn

hair dryer

Hoorspray

hairspray

Makeup

makeup

Lippestift

lipstick

Nagellack

nail varnish

Wattä

cotton wool

Nagelscher

nail scissors

Parfum

perfume

Necessaire

washbag

Schemel

stool

Waag

weighing scale

Badmantel

bathrobe

Gummihändscheh

rubber gloves

Tampon

tampon

Damebinde

sanitary towel

chemischi Toilette

chemical toilet

Wecker
alarm clock

Kuscheltier
cuddly toy

Spielzügauto
toy car

Rassle
rattle

Puppehuus
doll's house

Gschänk
present

Ballon

balloon

Bett

bed

Chinderwage

pram

Chartespiel

deck of cards

Puzzle

jigsaw

Comic

comic

Legos

lego bricks

Baustei

building blocks

Action Figur

action figure

Strampli

babygrow

Frisbee

frisbee

Mobile

mobile

Brättspiel

board game

Würfäl

dice

Modellisebahn

model train set

Nuggi

dummy

Party

party

Bilderbuch

picture book

Ball

ball

Puppä

doll

spiele

play

Sandchaschte
sandpit

Gigampfi
swing

Spielzüg
toys

Videospielkonsole
video game console

Dreirad
tricycle

Teddy
teddy bear

Chleiderschrank
wardrobe

Chleidig
clothing

Sockä
socks

Strümpf
stockings

Strumpfhosä
tights

Schal
scarf

Rägeschirm
umbrella

T-Shirt
t-shirt

Gürtel
belt

Stiefel
boots

Badschlappe
slippers

Turnschueh
trainers

Sandalä
....
sandals

Schueh
....
shoes

Gummistiefel
....
rubber boots

Untrhosä
....
underpants

BH
....
bra

Underlibli
....
vest

Body

body

Hosä

trousers

Jeans

jeans

Rock

skirt

Bluse

blouse

Hömli

shirt

Pulli

pullover

Kapuzepulli

hoodie

Blazer

blazer

Jacke

jacket

Mantel

coat

Rägämantel

raincoat

Chostüm

costume

Chleid

dress

Hochziitskleid

wedding dress

Ahzug

suit

Nachthömli

nightgown

Pyjama

pyjamas

Sari

sari

Chopftuäch

headscarf

Turban

turban

Burka

burqa

Kaftan

kaftan

Abaya

abaya

Badchleid

swimsuit

Badhose

trunks

churzi Hosä

shorts

Trainer

tracksuit

Schürze

apron

Händsche

gloves

Chnopf

button

Brüllä

glasses

Armband

bracelet

Chetti

necklace

Ring

ring

Ohrering

earring

Chappe

cap

Chleiderbügel

coat hanger

Huet

hat

Grawattä

tie

Riissverschluss

zip

Helm

helmet

Hosäträger

braces

Schueluniform

school uniform

Uniform

uniform

Lätzli
....
bib

Nuggi
....
dummy

Windle
....
nappy

Server
server

Akteschrank
filing cabinet

Drucker
printer

Monitor
monitor

Papier
paper

Schribtisch
desk

Muus
mouse

Ordner
folder

Taschtatur
keyboard

Papierchorb
waste-paper basket

Stuehl
chair

Computer
computer

Kafibächer
....
coffee mug

Tascherächner
....
calculator

Internet
....
internet

Laptop

laptop

Brief

letter

Nochricht

message

Mobiltelefon

mobile

Netzwärk

network

Kopierer

photocopier

Software

software

Telefon

telephone

Steckdosä

plug socket

Fax

fax machine

Formular

form

Dokumänt

document

chaufe

buy

zahle

pay

handle

trade

Gäld

money

USD

Dollar

dollar

EUR

Euro

euro

JPY

Yen

yen

RUB

Rubel

rouble

CHF

Frankä

Swiss franc

CNY

Renminbi Yuan

renminbi yuan

INR

Rupie

rupee

Gäldautomat

cashpoint

Wächselstube

bureau de change

Gold

gold

Silber

silver

Öl

oil

Energie

energy

Priis

price

Vertrag

contract

Stüür

tax

Aktie

stock

schaffe

work

Mitarbeiter

employee

Arbeitgeber

employer

Fabrik

factory

Gschäft

shop

Polizischt
police officer

Füürwehrmaa
fireman

Choch
cook

Arzt
doctor

Pilot
pilot

Gärtner

gardener

Zimmermah

carpenter

Näheri

seamstress

Richter

judge

Chemiker

chemist

Darsteller

actor

Busfahrer

bus driver

Taxifahrer

taxi driver

Fischer

fisherman

Putzfrau

cleaning lady

Dachdecker

roofer

Chällner

waiter

Jäger

hunter

Moler

painter

Bäcker

baker

Elektriker

electrician

Bauarbeiter

builder

Ingenieur

engineer

Schlachter

butcher

Klämpner

plumber

Pöschtler

postman

Soldat

soldier

Architekt

architect

Kassierer

cashier

Florischt

florist

Frisör

hairdresser

Kontrolleur

conductor

Mechaniker

mechanic

Kapitän

captain

Zahnarzt

dentist

Wüsseschaftler

scientist

Rabbi

rabbi

Imam

imam

Mönch

monk

Pfarrer

clergyman

Hammer
hammer

Zangä
pliers

Schruubedreier
screwdriver

Schrubeschlüssel
spanner

Taschelampä
torch

Bagger

digger

Werkzüügchaschte

toolbox

Leitere

ladder

Sagi

saw

Negel

nails

Bohrer

drill

flicke

repair

Schufle

shovel

Mischt!

Damn!

Ascheschufle

dustpan

Farbchübel

paint pot

Schruube

screws

Musiginstrumänt
musical instruments

Luutsprächer
loudspeaker

Schlagzüüg
drum kit

Gitarre
guitar

Kontrabass
double bass

Trompetä
trumpet

Klavier

piano

Violine

violin

Bass

bass

Pauke

timpani

Trummle

drums

Keyboard

keyboard

Saxophon

saxophone

Flöte

flute

Mikrofon

microphone

ligang
entrance

Tiger
tiger

Chäfig
cage

Zebra
zebra

Tierfueter
animal feed

Pandabär
panda

Tier

animals

Elefant

elephant

Känguru

kangaroo

Nashorn

rhino

Gorilla

gorilla

Bär

bear

Kamel

camel

Struss

ostrich

Leu

lion

Aff

monkey

Flamingo

flamingo

Papagei

parrot

Iisbär

polar bear

Pinguin

penguin

Hai

shark

Pfau

peacock

Schlangä

snake

Krokodil

crocodile

Zoowärter

zookeeper

Robbä

seal

Jaguar

jaguar

Pony

pony

Leopard

leopard

Nilpfärd

hippo

Giraff

giraffe

Adler

eagle

Wildschwein

boar

Fisch

fish

Schildkrot

turtle

Walross

walrus

Fuchs

fox

Gazelle

gazelle

American Football
American football

Velofahre
cycling

Tennis
tennis

Basketball
basketball

Schwümmä
swimming

Boxä
boxing

Iishockey
ice hockey

Fuessball
football

Badminton
badminton

Liechtathletik
athletics

Handball
handball

Skifahre
skiing

Polo
polo

springä
jump

lachä
laugh

umarme
hug

gah
walk

singe
sing

troime
dream

bätte
pray

küssä
kiss

schribe
write

zeichne
draw

zeige
show

schiebe
push

gäh
give

näh
take

händ

have

mache

do

sy

be

stah

stand

laufe

run

zieh

pull

rüerä

throw

fallä

fall

ligge

lie

warte

wait

träge

carry

sitze

sit

ahzieh

get dressed

schlafe

sleep

ufwache

wake up

ahluege

look at

brüele

cry

striichle

stroke

bürste

comb

redä

talk

verschtah

understand

froog

ask

lose

listen

trinke

drink

ässe

eat

ufruume

tidy up

liebe

love

chochä

cook

fahre

drive

flüge

fly

segle

sail

rächne

calculate

läse

read

leerä

learn

schaffe

work

hürate

marry

näije

sew

Zäh putze

brush teeth

töte

kill

schlootä

smoke

sände

send

Grossmuetter
grandmother

Grossvater
grandfather

Vatter
father

Muetter
mother

Baby
baby

Tochter
daughter

Sohn
son

Gast

guest

Tante

aunt

Unkel

uncle

Brüeder

brother

Schwöschter

sister

Stirn
forehead

Aug
eye

Schultere
shoulder

Gsicht
face

Fingär
finger

Chüni
chin

Hand
hand

Bruscht
breast

Bei
leg

Arm
arm

Baby

baby

Mah

man

Frau

woman

Meitli

girl

Bueb

boy

Chopf

head

Ruggä	**Buuch**	**Buchnabel**
back	belly	belly button
Zäche	**Fersä**	**Knoche**
toe	heel	bone
Hüfte	**Chnü**	**Ellbogä**
hip	knee	elbow
Nase	**Füdli**	**Hut**
nose	bottom	skin
Bagge	**Ohr**	**Lippe**
cheek	ear	lip

Muul

mouth

Zah

tooth

Zungä

tongue

Hirni

brain

Härz

heart

Muskel

muscle

Lungä

lung

Läberä

liver

Magen

stomach

Nierä

kidneys

Gschlächtsvrkehr

sex

Kondom

condom

Eizälle

ovum

Soome

semen

Schwangerschaft

pregnancy

Menstruation

menstruation

Vagina

vagina

Penis

penis

Augebrauä

eyebrow

Haar

hair

Hals

neck

Spital
hospital

Chrankewage
ambulance

Rollstuehl
wheelchair

Bruch
fracture

Arzt

doctor

Notufnahm

emergency room

Chrankeschwöschter

nurse

Notfall

emergency

ohnmächtig

unconscious

Schmärz

pain

Verletzig

injury

Bluätig

bleeding

Härzinfarkt

heart attack

Schlagahfall

stroke

Allergie

allergy

Hueschtä

cough

Fieber

fever

Grippe

flu

Durchfall

diarrhoea

Kopfschmärze

headache

Kräbs

cancer

Diabetes

diabetes

Chirurg

surgeon

Skalpell

scalpel

Operation

operation

Spital - hospital

CT

CT

Röntgä

x-ray

Ultraschall

ultrasound

Gsichtsmaske

face mask

Krankhet

disease

Wartezimmer

waiting room

Krückä

crutch

Pflaster

plaster

Vrband

bandage

Injektion

injection

Stethoskop

stethoscope

Trage

stretcher

Thermometer

clinical thermometer

Geburt

birth

Übergwicht

overweight

Hörgrät hearing aid	Desinfektionsmittel disinfectant	Infektion infection
Virus virus	HIV / AIDS HIV / AIDS	Medizin medicine
Impfig vaccination	Tablette tablets	Pille pill
Notruef emergency call	Bluetdruck-Mässgrät blood pressure monitor	chrank / gsund ill / healthy

Hiufe!

Help!

Alarm

alarm

Überfall

assault

Ahgriff

attack

Gfohr

danger

Notuusgang

emergency exit

Füür!

Fire!

Füürlöscher

fire extinguisher

Unfall

accident

Ersti-Hilf-Koffer

first-aid kit

SOS

SOS

Polizei

police

Europa

Europe

Nordamerika

North America

Südamerika

South America

Afrika

Africa

Asie

Asia

Auschtralie

Australia

Atlantik

Atlantic

Pazifik

Pacific

Indische Ozean

Indian Ocean

Antarktische Ozean

Antarctic Ocean

Arktische Ozean

Arctic Ocean

Nordpol

North Pole

Südpol

South Pole

Antarktis

Antarctica

Ärde

Earth

Land

land

Meer

sea

Inslä

island

Nation

nation

Staat

state

Ziffereblatt

clock face

Stundezeiger

hour hand

Minutezeiger

minute hand

Sekundezeiger

second hand

Wie spaht isch es?

What time is it?

Tag

day

Zit

time

jetzt

now

Digitaluhr

digital watch

Minute

minute

Stunde

hour

Wuche
week

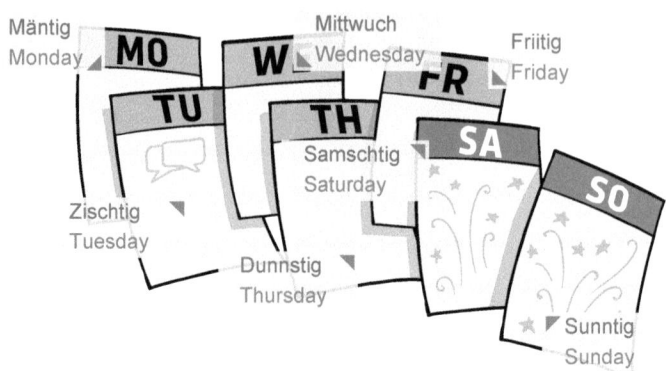

Mäntig / Monday — MO
Zischtig / Tuesday — TU
Mittwuch / Wednesday — W
Dunnstig / Thursday — TH
Friitig / Friday — FR
Samschtig / Saturday — SA
Sunntig / Sunday — SO

geschter

yesterday

hüt

today

morn

tomorrow

Morgä

morning

Mittag

noon

Aabig

evening

Wärktag

business days

Wuchenänd

weekend

Räge
rain

Rägeboge
rainbow

Schnee
snow

Wind
wind

Früelig
spring

Herbscht
autumn

Summer
summer

Winter
winter

Wättervorhärsag

weather forecast

Thermometer

thermometer

Sunneschiin

sunshine

Wolkä

cloud

Näbel

fog

Fiechtigkeit

humidity

Blitz

lightning

Dunner

thunder

Sturm

storm

Hagel

hail

Monsun

monsoon

Fluet

flood

Iis

ice

Januar

January

Februar

February

März

March

April

April

Mai

May

Juni

June

Juli

July

Auguscht

August

Septämber

September

Oktober

October

Novämber

November

Dezämber

December

Forme

shapes

Kreis

circle

Quadrat

square

Rächteck

rectangle

Dreieck

triangle

Chugele

sphere

Würfel

cube

Farbä
colours

wiss

white

gäl

yellow

orange

orange

pink

pink

rot

red

liila

purple

blau

blue

grüen

green

bruun

brown

grau

grey

schwarz

black

viel / wenig

a lot / a little

hässig / ruhig

angry / calm

hübsch / hässlich

beautiful / ugly

Ahfang / Ändi

beginning / end

gross / chli

big / small

hell / dunkel

bright / dark

Brüeder / Schwöschter

brother / sister

suuber / dräckig

clean / dirty

vollständig / unvollständig

complete / incomplete

Tag / Nacht

day / night

tot / läbig

dead / alive

breit / schmal

wide / narrow

ässbar / nid ässbar

edible / inedible

bös / fründlich

evil / kind

uffreggt / glangwilt

excited / bored

dick / dünn

fat / thin

zerscht / zletscht

first / last

Fründ / Find

friend / enemy

voll / läär

full / empty

hart / weich

hard / soft

schwer / liecht

heavy / light

Hunger / Durscht

hunger / thirst

chrank / gsund

ill / healthy

illegal / legal

illegal / legal

intelligänt / gatz

intelligent / stupid

links / rächts

left / right

nöch / wiit weg

near / far

neu / bruucht
new / used

nüt / öpis
nothing / something

alt / jung
old / young

ah / uss
on / off

offe / zue
open / closed

lislig / luut
quiet / loud

riich / arm
rich / poor

richtig / falsch
right / wrong

rau / glatt
rough / smooth

truurig / glücklich
sad / happy

churz / lang
short / long

langsam / schnäll
slow / fast

nass / trochä
wet / dry

warm / chalt
warm / cool

Chrieg / Friede
war / peace

0

Null

zero

1

eis

one

2

zwei

two

3

drü

three

4

vier

four

5

foif

five

6

sächs

six

7

sibe

seven

8

acht

eight

9

nün

nine

10

zäh

ten

11

elf

eleven

12

zwölf

twelve

13

drizäh

thirteen

14

vierzäh

fourteen

15

füfzäh

fifteen

16

sächzäh

sixteen

17

siebzäh

seventeen

18

achtzäh

eighteen

19

nünzäh

nineteen

20

zwänzg

twenty

100

Hundert

hundred

1.000

Tuusig

thousand

1.000.000

Million

million

Änglisch

English

Amerikanischs Änglisch

American English

Chinesisch Mandarin

Chinese Mandarin

Hindi

Hindi

Spanisch

Spanish

Französisch

French

Arabisch

Arabic

Russisch

Russian

Portugiesisch

Portuguese

Bengalisch

Bengali

Dütsch

German

Japanisch

Japanese

ich
I

du
you

 är / sie / es
he / she / it

mir
we

ihr
you

sie
they

wär?
who?

was?
what?

wie?
how?

wo?
where?

wänn?
when?

Name
name

hinder

behind

in

in

vor

in front of

über

over

uf

on

under

under

näbe

beside

zwüsche

between

Ort

place